ACCUSATION DE TRAITE

Plaidoirie de Me BERRYER, défenseur de

M. LE MORE

ARMATEUR AU HAVRE

HAVRE

Imprimerie BRIÈRE & Ce, Grande Rue, 36

1863

COUR D'ASSISES DE LA SEINE-INFÉRIEURE

AUDIENCE DU 28 NOVEMBRE 1862

PRÉSIDENCE DE M. COCAIGNE

ACCUSATION DE TRAITE

Plaidoirie de Me *BERRYER*, *défenseur de*

M. LE MORE

ARMATEUR AU HAVRE

1863

COUR D'ASSISES DE LA SEINE-INFÉRIEURE

AUDIENCE DU 28 NOVEMBRE 1862

PRÉSIDENCE DE M. COCAIGNE

ACCUSATION DE TRAITE

PLAIDOIRIE DE Mᵉ BERRYER [1]

Défenseur de M. LE MORE, armateur au Havre

MESSIEURS,

Je ne m'étonne pas qu'après l'exposé des faits généraux, M. l'Avocat général vous ait livr éla cause en disant : Si vous êtes convaincus, condamnez ; mais, si vous n'êtes pas convaincus, acquittez, et acquittez sans hésiter : il vaut mieux que vingt coupables échappent à la peine qu'ils ont encourue, que de frapper un seul innocent.

S'il est dans le procès une conviction profonde, c'est celle que j'ai acquise par une étude très attentive de tous les documents qu'il présente. Je ne comprends pas, à vous dire la vérité toute entière, la vérité qui est dans ma conscience, qu'après les explications, les documents, les renseignements qui ont abondé durant la longue instruction de ce procès, on ait maintenu en captivité préventive, pendant huit mois, M. Le More pour lequel je me présente devant vous ; un négociant estimé, respecté, entouré de toute la considération qu'un homme de bien peut acquérir dans son pays, placé au sein d'une

---

famille honorable, et qui est subitement arraché à sa mère, à ses sœurs, à son existence commerciale et de la manière la plus douloureuse, car je dois vous dire que M. Le More dont nous examinerons tout à l'heure la prétendue participation dans cette affaire, que M.. Le More, au moment où il a été arrêté, en mars dernier, était accepteur pour une seule maison de commerce, la maison Sirtaine, de Verviers, de plus de douze cent mille francs de lettres de change et que cette arrestation pouvait amener une véritable catastrophe, non seulement la ruine de sa maison, mais celle de ses correspondants. M. Le More arrêté donne ses explications ; on saisit immédiatement tous ses livres, toute sa correspondance, tous ses papiers, dont on fait une investigation scrupuleuse à son domicile ; on interroge sa vie commerciale toute entière, quoi qu'en ait dit M. l'Avocat général, rien ne peut échapper à la Justice sur la vérité des opérations d'une grande maison, en présence de livres régulièrement tenus, or ici, un expert a été nommé, cet expert a reconnu la parfaite régularité des écritures.

Il y avait des livres, des copies de lettres, des collections de correspondances, tout a été interrogé avec soin, et la maison Le More, messieurs, s'est trouvée parfaitement en règle.

Qu'est-il en effet résulté de cette longue information contre M. Le More ? Des présomptions, de simples présomptions qui portent sur deux points : 1° Il a dû apprécier par la nature du chargement dont il avait reçu la commission, la destination ultérieure des deux navires, et, 2° quand il a consenti à acheter le second navire et qu'il en a payé le chargement, il savait que le premier navire avait fait la traite. C'est sur ces deux points, sur ces deux présomptions, qu'on a conclu que M. Le More avait été nécessairement complice de la traite en participant aux actes des armateurs étrangers qui ont fait la traite sur la côte d'Afrique et à l'île de Cuba. Voyons donc ce qu'il faut en penser : La première chose à faire pour accuser un homme d'avoir participé à des opérations de ce genre, devenues fort lucratives, ce serait, ce nous semble, d'indiquer d'une manière quelconque qu'il a été intéressé dans l'affaire, qu'il en a recueilli ou dû recueillir un bénéfice quel qu'il soit, il faudrait en trouver des traces. Et quand une vie commerciale tout entière a été mise à jour et explorée, quand toutes les valeurs actives et passives qui ont circulé dans une maison ont été pointées dans leur origine et leur provenance, quand tout a été constaté et qu'il résulte de cet examen qu'on n'a aucune trace, et qu'on a été obligé de dire, et qu'on est obligé de dire aujourd'hui encore : nous ne savons pas si le chef de cette maison a été intéressé, s'il a eu une part dans l'entreprise, nous n'en avons nulle preuve, nous devons le croire, on peut donner de l'argent de la main à la main, je soutiens que ce sont des suppositions sans fondement, et que la première de toutes les conditions pour soutenir une pareille accusation manque complètement. Il faudrait appuyer cette accusation sur des faits précis, positifs, incontestables ; il faudrait prouver que l'homme qu'on accuse a été un des intéressés. L'a-t-il été en fait ? On est réduit à dire : Peut-être n'a-t-il rien eu autre chose que sa commission de deux pour cent.

Voilà la cause, messieurs, M. Le More sera devenu le complice d'une opération pour faire la traite des nègres, opération qui, vous dit-on, en en jugeant par celles qui ont réussi, peut avoir produit une somme considérable, quinze, seize, dix-sept cent mille francs ; M. Le More sera devenu le complice de cette affaire pour encaisser quoi ? Uniquement sa commission de deux pour cent. Et savez-vous ce qu'a été cette commission de deux pour cent relevée par l'expert? Il faut vous en donner le chiffre ; le voici parfaitement exact : Pour le navire le *Bogota* toutes les commissions ont porté sur quatre comptes différents et se sont élevées à 1,781 fr. 54 c. ; et pour le navire *Etelvina* les commissions se sont élevées à 960 fr. 60 c., c'est-à-dire qu'en totalité, pour ces deux armements, M. Le More a joui d'un bénéfice se montant à 2742 fr. 14 c. N'ai-je pas le droit de dire que pour un négociant placé à la tête d'une grande maison, qui faisait des opérations aussi considérables que celle de M. Le More, la vraisemblance ne permet pas d'admettre un seul instant l'accusation? Je viens de vous le dire, il avait donné ses acceptations pour un million deux cent mille francs de traites à un fabricant de Verviers, une opération de cette importance ne permet pas d'admettre que pour une commission de 2,742 fr. M. Le More se soit fait complice d'un fait de la nature de celui qui vous est aujourd'hui signalé ; il n'y a donc contre lui aucune preuve.

La première de toutes les questions à examiner est celle-ci : M. Le More était-il intéressé? Or, cela n'est pas justifié ; le contraire est prouvé par la vérification de toute son existence commerciale. A-t-il été complice sans intérêt? Cela n'est pas admissible.

A-t-il deviné sans se rendre complice, sans communication, sans concert frauduleux avec l'entrepreneur de la traite, a-t-il deviné quel pouvait être le but aventureux de ces deux expéditions de navires? C'est là, messieurs, ce qu'on peut supposer, et je vois que cette présomption sera complètement détruite par le détail des faits dans lequel je suis obligé d'entrer.

Je n'ai pas à m'expliquer sur la traite ; il est incontestable que les deux navires qui ont été achetés par M. Le More, pour le compte de M. Krafft, ces deux navires ont été dénationalisés sur la côte d'Afrique, et que de la côte d'Afrique ils ont transporté des nègres dans l'île de Cuba. L'un d'eux n'est pas arrivé complètement à sa destination, parcequ'il a été capturé en mer. La traite a donc eu lieu.

La traite est un commerce détestable, mais enfin ce commerce détestable était non seulement innocent, il y 30 ans, mais il était protégé, règlementé par toutes les nations européennes ; la traite des nègres, le maintien de l'esclavage dans les colonies étaient considérés comme un besoin pour le continent ; l'exploitation du travail des nègres, l'assurance d'obtenir par là, à des conditions avantageuses, les matières premières qui alimentent les manufactures et le commerce européens, ces considérations ont longtemps fait protéger la traite et nous avons tout un code des noirs qui règle les conditions dans lesquelles l'esclavage devait être maintenu. Depuis 30 ans on a décidé, et c'est une œuvre chrétienne, une pensée fort noble, que la traite devait être abolie. Elle a été abolie en France, on a édicté dans la loi de 1831, contre ceux qui la pratiquent, des peines extrêmement sévères, la condamnation aux galères. Toutefois, dans l'état présent des choses, l'esclavage est maintenu et la traite se fait autant qu'elle se peut faire chez beaucoup de nations européennes, en Espagne, en Portugal, etc., et elle est aujourd'hui une cause de guerre entre les États du Nord et ceux du Sud de l'Amérique. En Angleterre on a proclamé l'abolition de l'esclavage et on a établi des croiseurs pour arrêter les bâtiments négriers. Mais je dois dire que l'Angleterre a remplacé l'achat des esclaves par ce qu'elle appelle des traités d'engagements volontaires. Les navires anglais se rendent sur la côte d'Afrique, ils y trouvent des masses de noirs, prisonniers de guerre soigneusement gardés par le Roi du pays qui les a capturés, et là on demande en anglais à ces nègres s'ils consentent à s'engager dans telles ou telles conditions. Il y a des gesticulations, des acclamations plus ou moins vagues de la part de ces malheureux, et on les embarque, et aux yeux des Anglais ce n'est pas là prendre des nègres pour en faire des esclaves. Les Anglais, dans une seule année, ont fait pénétrer dans la Guyane anglaise quatre-vingt-dix mille nègres engagés. Je me rappelle, et il faut dire les choses pour ramener à l'exacte vérité les affaires de ce genre, je me rappelle notamment un rapport qui fut fait au congrès des États-Unis par M. Caloun, ministre des Finances du Gouvernement américain, qui disait dans ce rapport que j'ai vu citer à la chambre des députés, que, de la part de l'Angleterre, toute cette affectation de sentiments d'humanité n'était qu'un calcul commercial que l'Angleterre tentait en s'interdisant la traite et l'esclavage dans les colonies, d'anéantir la production des Indes occidentales pour développer la production qu'elle obtient elle-même dans les Indes orientales, à l'aide des Malais qu'elle y emploie comme hommes libres. Voilà ce que disait M. Caloun.

La France, toujours généreuse, la France, toujours chevaleresque, sacrifiant ses intérêts à tout ce qui a le caractère d'un sentiment généreux, la France seule est entrée avec sincérité dans cette pensée nouvelle de supprimer l'esclavage partout où il existe et d'interdire la traite des nègres. Qu'en résulte-t-il ? Il en résulte que les nègres transportés dans tous les pays où l'esclavage subsiste encore, sont le plus souvent saisis par les bâtiments américains, qui les vendent et recueillent ainsi seuls le bénéfice de la traite, sous prétexte d'y mettre un terme ; et c'est précisément ce qui a eu lieu dans la cause actuelle, un des bâtiments expédiés a été capturé (le *Bogota*), les nègres qui s'y trouvaient enfermés ont été saisis, on les a vendus et le bâtiment américain qui avait opéré la capture, a eu seul le bénéfice de l'expédition ; voilà ce qui s'est passé.

Mais enfin il résulte du nouvel état des choses que pour ceux qui veulent faire la traite, il n'y a d'autre moyen d'éviter les croiseurs, que de partir d'Europe et d'arriver sur la côte d'Afrique avec un bâtiment qui ne soit pas suspect ; on le couvre du pavillon français, qui est un pavillon d'honneur, celui d'une nation vraie, sincère, généreuse, chrétienne, dans la manière loyale avec laquelle elle poursuit les opérations de traite. C'est donc de la part des acheteurs de noirs un premier intérêt d'avoir un bâtiment français qui navigue sous pavillon français.

Mais, à cause même de cette susceptibilité de la France, et de cette sincérité, il faut avoir, pour le chargement de ce bâtiment portant pavillon français, un commissionnaire dont les habitudes, l'expérience, le caractère et la loyauté connue détournent le soupçon, et en conséquence, on s'adresse, dans un port français à un commissionnaire respecté, estimé, jouissant d'une grande fortune et faisant de grandes opérations commerciales, c'est ce qu'on a fait dans la cause. M. Le More, contre qui on ne peut pas indiquer avec les plus légères apparences raisonnables qu'il ait eu le moindre intérêt dans les opérations dont il s'agit, a été ce commissionnaire honnête, respecté, dont le caractère devait détourner tous les soupçons, et qui allait être chargé à la fois d'acheter le bâtiment portant le pavillon français et d'opérer le paiement de tous les objets du chargement de ce bâtiment. En cela, messieurs, n'a-t-il été que purement et simplement commissionnaire, sans être à aucun titre, non pas seulement par un pacte qu'il aurait formé avec l'entrepreneur, mais par ses appréciations personnelles, au courant de ce qui devait se faire à l'aide des deux navires dont il était tout à la fois l'acheteur et le chargeur ? Doit-il être considéré comme ayant connu la nature des opérations qui allaient s'accomplir ?

Krafft était à peu près inconnu de M. Le More ; il n'a eu de relations avec lui que dans le courant de 1859, époque à laquelle il a manifesté le désir d'acheter un navire français dans le port du Havre, et a prié M. Le More de l'informer du moment où il y aurait des navires à vendre, lui annonçant qu'il voulait charger pour son propre compte, et lui demandant la permission d'adresser chez lui une partie de son chargement. Voici en quels termes, à la date du 16 août 1859, Krafft écrit à M. Le More :

« Je vous serais obligé, sur l'envoi qui vous est fait pour mon compte, de la Havane, d'une caisse de sucre, d'un baril de café, etc., de vouloir bien diriger les 2,000 cigares sur M. Talamon, 61, faubourg Poissonnière, Paris.

» Veuillez aussi avoir l'obligeance de me tenir toujours au courant de la vente des navires qui pourrait avoir lieu au Havre. »

M. Le More n'hésite pas ; le 17 septembre, il écrit à Krafft :

« Nous venons vous informer que nous allos avoir une vente publique. Un navire jaugeant environ 350 tonneaux, d'une marche supérieure, ayant trois années de construction et n'ayant besoin d'aucunes réparations pour prendre la mer.

» Une prochaine vous dira le prix auquel il conviendrait de le payer pour faire une bonne affaire.

» Veuillez, monsieur, nous dire le plus tôt possible, si vous n'avez pas rencontré dans un autre port un navire à votre convenance, et si nous devons continuer à vous renseigner sur celui prochainement en vente. »

M. Krafft lui écrit le 30 septembre :

« Monsieur, je suis arrivé ce matin à 5 heures, et je m'empresse de répondre à votre bonne lettre du 17 courant, elle me donne bon espoir, et je vous autorise, si la vente se fait avant d'avoir reçu votre réponse du jour où elle doit se faire, de pousser l'enchère, jusqu'au prix de cinquante mille francs.

Je vous préviens que M. L. Jacq, capitaine au long cours, qui m'a été recommandé, doit se présenter à vous, et doit, si vous le jugez convenable, vous assister le jour que doit se faire la vente. Si vous jugez que ma présence soit utile ou que vous désiriez une assurance pour le montant de l'achat, M. Talamon a en son pouvoir 105,000 fr. que je mettrai à votre ordre sitôt l'achat du navire. Soyez assez bon de me dire le jour où doit se faire la vente de ce navire; par la même occasion, si vous avez fait l'entrée des cigares, vous pouvez les adresser chez M. Talamon. Le reste des objets venus à bord du *Grand-Pacifique*, vous me les dirigerez à Neuilly par la voie la plus commode, afin d'éviter les droits d'entrée à Paris qui sont énormes. »

Voilà, messieurs, comment l'affaire s'engage ; vous en voyez la simplicité, le mouvement, le naturel. Krafft pense qu'il faut mettre des fonds à la disposition du commissionnaire. Ce dernier peut en conséquence se rendre adjudicataire du navire, 105,000 fr. vont être mis à sa disposition ; il peut pousser l'enchère jusqu'à cinquante mille francs, on lui annonce en même temps qu'on a fait choix du capitaine, que le capitaine Jacq qui est complètement inconnu de M. Le More va se présenter, et il faut remarquer ici, dans la cause, que c'est au moment où on accuse M. Le More de s'être rendu complice d'une affaire de traite que le choix de tout l'équipage a été fait par Krafft ou par son capitaine ; M. Le More ne s'en est mêlé en aucune façon, il s'est borné à son devoir, à son action de commissionnaire dans le port du Havre, à se rendre adjudicataire moyennant des garanties qu'il avait, qui lui avaient été formellement promises et qui lui ont été données par le versement effectif d'une somme de soixante mille francs.

M. Jacq, capitaine choisi par Krafft, s'est alors présenté chez M. Le More ; il a visité le navire et quand il a eu reconnu que ce navire réunissait toutes les conditions désirables ; ce qu'il était mieux à même d'apprécier que M. Le More, qui n'a jamais été propriétaire de navire, la maison de Talamon a écrit à M. Le More :

« Pour la régularité, je viens vous dire que si M. L. Krafft achète un navire, il pourra être tiré sur moi pour le paiement, jusqu'à concurrence de cent mille francs. »

Vous voyez qu'il s'agissait bien d'une simple opération de commission. Voilà le navire acheté.

Le navire acheté, il s'agit de le disposer pour le mettre à la mer, par qui les opérations sont-elles surveillées ? Elles sont surveillées par le capitaine Jacq qui, de nouveau, va visiter le navire, et qui fait lui-même procéder au chargement ; les commandes sont faites par lui ou par Krafft, M. Le More, pour tout ce qui concerne le chargement, ne reçoit les factures que la veille ou l'avant-veille du départ du navire ; il reçoit ces factures visées, en paye le montant, et dresse ensuite un compte qu'il envoie à Krafft le 13 novembre, aussitôt après le départ du navire et dans lequel il met en balance tout ce qu'il a payé et tout ce qu'il a reçu de la maison Talamon, de Paris.

Les lettres diverses, écrites dans ces circonstances, sont conçues, messieurs, dans des termes que je dois mettre sous vos yeux, pour que vous ne puissiez pas douter du rôle consciencieux de M. Le More dans cette affaire. Krafft lui écrit le 12 octobre 1859, le jour même où a été faite l'acquisition du navire, pour lui dire qu'il approuve et maintient tous les ordres qu'il a donnés au sujet de cette acquisition ; il ajoute :

« Je vous joins une note des marchandises dont vous m'obligerez beaucoup de me donner les prix afin de vous dire les quantités que je désire acheter. »

Suit l'indication des marchandises que Krafft se propose d'acheter, et dont il veut composer le chargement du navire acquis pour son compte par M. Le More. Dans tout cela, il n'y a rien assurément qui puisse être suspect.

10,000 tuiles bombées pour toiture ;
  50 pipes tafia à 22º ;
    Tabac de Virginie, boucauts, pris en entrepôt, pour exportation
100 pipes pour huile, de 120 gallons jusqu'à 200 gallons ;
  40 barils de tafia, de 40 bouteilles chaque ;
  18 caisses de chandelles de Spermaceti, de 6 à la livre ;
   5 barils de farine surfine ;
  10 1/2 barils   dº
   6 caisses de sucre blanc, en pains de 10 livres, et 20 pains dans chaque caisse ;
  10 boîtes de ferblanc de biscuit à soda et au beurre.

M. Le More, messieurs, remplit la mission qui lui a été donnée, et nous voyons, par une lettre du 13 octobre, qu'il envoie en effet à Krafft, à Paris, l'indication du prix de toutes les marchandises que Krafft disait vouloir acquérir.

« Vous pouvez également nous envoyer vos lettres pour le capitaine Jacq, nous les lui ferons tenir immédiatement....

» Nous avons encaissé ce matin les 60,000 fr. envoyés par M. Talamon, ils figurent à votre crédit ; nous avons réglé avec MM. I.-T. Barbey et Cº les 11/12ᵐᵉ les concernant dans le navire *Bogota*, soit 36,758 fr. 30 c., nous verserons le montant du douzième 12º, soit 3,394 fr. 70 c., chez MM. Mazurier le Jⁿᵒ et ses fils, représentant M. Lemaire, de Paris, ou à la Caisse des dépôts et consignations. »

Vient ensuite l'indication des prix de différentes marchandises que Krafft veut acheter.

Pipes a huile. — Celles à huile de baleine se vendent 52 cent. les 7 litres 60; il sera facile d'obtenir la quantité que vous désirez. On emploie aussi des fûts sortant de 3/6, on les paie 25 à 26 fr., mais comme ils ne sont pas garantis, il est préférable de prendre des fûts à huile de baleine excellente qualité.

Barils tafia. — Difficiles à trouver, et à cause des fûts, il faudra payer plus cher, soit dans les 90 à 100 fr. les 1,000 litres.

Chandelles (bougies). — 1 fr. 25 c. le paquet de 6 chandelles allant pour une livre. Chaque caisse est de 25 paquets.

Farine. — Le baril 39 fr., le demi-baril 20 francs.

Sucre. — En pains de 10 livres, 150 fr. les 100 kilog.; ici on met en fût et non en caisse ; les caisses se paieraient en sus, environ 7 à 8 fr. par caisse.

Boites en ferblanc. — De biscuit à soda et au beurre ; on ne connaît pas cela et on aurait besoin de quelques explications à cet égard.

« Le capitaine Jacq vous écrit relativement au navire, nous accélèrerons autant que possible sa mise sur le gril, et en vous assurant de tout notre dévouement. »

Voilà la correspondance jusqu'au 13 octobre. Postérieurement, cette position d'un commissionnaire qui reçoit des ordres et les remplit dans les termes indiqués dans les lettres de Krafft, est encore mieux établie. Krafft écrit à M. Le More, à la date du 14 octobre :

« J'ai pris bonne note de votre dernière du 13 courant, j'ai vu les prix que vous m'en marquez et vais vous fixer sur un des articles à embarquer pour servir de lest principal au navire.

» Vous pourrez engager M. L. Jacq à choisir 100 ou 120 pipes à huile, neuves et bien cerclées en fer, enfin à son entière satisfaction pour son arrimage. »

Voilà des instructions qui sont données à un homme qui n'a pas même à faire le choix, à qui on dit que M. Jacq choisira les barriques destinées à l'huile. Telle est la correspondance, pas un mot qui soit suspect; Krafft a donné des ordres, et M. Le More a consenti à les exécuter ; la position de M. Le More est parfaitement claire ; c'est celle du simple commissionnaire qui n'a pris aucune initiative.

A la date du 19 octobre, Krafft écrit une lettre qui est encore plus expressive, je dois le dire, pour fixer la véritable position de M. Le More, à la date du 19 octobre :

« Je vais vous envoyer, lui dit-il, trente mille francs afin de procéder à l'achat de 50 pipes de tafia et 40 barils de 40 bouteilles, idem les 100 ou 120 pièces.... En sus, monsieur, vous ferez faire chez un ou deux des meilleurs boulangers 4,000 kilos biscuit d'équipage et mettre en boucauts de 200 kilos, ce qui nous fera 20 boucauts. M. Jacq peut vous aider à l'achat, il s'entend comme capitaine en ce genre d'affaires. Vous aurez la complaisance d'embarquer tous ces articles à mesure que M. L. Jacq sera prêt à les mettre à bord. »

Le chargement fait, les trente mille francs arrivent par M. Talamon, et Krafft écrit encore le 27 octobre :

« J'ai acheté la bougie et l'on va l'expédier pour être remise à bord ; vous n'aurez qu'à payer le transport de Paris à bord du *Bogota*. Le sucre, vous le mettrez à bord quand le capitaine vous le demandera.

» Je vais vous expédier demain les petits biscuits, j'ai trouvé ici ce qu'il me faut. Quant au biscuit d'équipage, j'ai écrit deux mots à M. Jacq ; c'est bien, après mur examen, 5,000 kil. bon ordinaire et bien sec, mis dans des boucauts où l'air ni l'eau ne puissent pénétrer, enfin qu'il puisse conserver le pain 4 ou 5 mois. J'ai mis sur votre note 5 barils farine et 10 demi barils; prenez en tant pour le navire que pour vendre, 16 demi barils et 7 barils entiers, en tout 15 barils. »

Puis, le 28 octobre 1859.

« Paris, le 28 octobre 1859.

» Je m'applaudis tous les jours d'avoir remis entre vos mains mes petits intérêts, avec l'espoir que l'avenir nous mettra en plus grandes relations. Je compte demain avoir votre réponse pour le tabac Virginie ; si cela entraînait un retard dans le départ du navire, j'aimerais mieux abandonner l'achat. M. Jacq vous dira le temps qu'il compte mettre à la voile ; sur ce laps de temps l'on pourra prendre ou laisser le tabac. »

Pareille lettre encore à la date du 29 octobre :

« Le tabac, il ne faut plus y songer ; je vais voir s'il y a des *existences* soit à Cadix, soit à Ténériffe, et s'il y a lieu, je tâcherai de faire mes achats en route. »

Le 5 novembre, M. Le More répond :

« Malgré toute notre bonne volonté et notre vif désir de tenir la promesse que nous avons faite de vous remettre la note des dépenses faites pour le *Bogota*, la chose nous est matériellement impossible. Nous verrons lundi à nous mettre d'accord à ce sujet avec le capitaine Jacq, et nous pensons, lundi soir, vous envoyer cette note.

» Le tafia est embarqué, les fûts vides aussi, le sucre le sera lundi matin, enfin tout marche au mieux. Les tonneliers ont demandé jusqu'à lundi matin pour les fûts vides; nous espérons avoir la quantité de 40 fûts. Nous avons eu soin de les commander de 29 litres 1/2 plutôt que de 30 litres 1/2.

» Soyez assuré, monsieur, de nos meilleurs soins, et veuillez, etc. »

Réponse de Krafft.

Il se félicite beaucoup de ce que ses ordres ont été parfaitement exécutés, et il termine ainsi une lettre à M. Le More du 8 novembre :

« Je n'ai qu'à vous remercier de ce que vous avez fait ; je reçois une lettre du capitaine qui me dit partir le 10 courant ; je le charge de me donner un télégramme, afin de voir son départ et régler en même temps vos petits comptes, que vous aurez la bonté de tenir prêts, car peu de jours me restent pour suivre le navire. »

En effet, le navire est parti le 12, dans la forme et avec toute la régularité ordinaire, avec un permis de sortie de la douane ; il est parti avec connaissement. Le navire a été chargé et toutes les opérations se sont faites par l'entremise d'un courtier de navires.

Voilà la situation qu'a eu dans cette affaire M. Le More. Il s'était rendu adjudicataire en vente publique, du navire le *Bogota ;* il en était le propriétaire apparent, Krafft en était le véritable propriétaire : Krafft l'avait payé, rien ne s'était fait qu'au moyen de remises ; M. Le More ne faisait pas d'avances, il est établi qu'il était perpétuellement à couvert. Y a-t-il eu quoi que ce soit qui ait été payé particulièrement par M. Le More, qui ait été à sa charge, quoi que ce soit qui ait représenté sa part dans l'expédition ? Non. La totalité du prix d'achat du navire et du chargement, tout a été au compte de Krafft.

Et maintenant que se passe-t-il après le 5 novembre ? M. Le More, commissionnaire, ayant rempli les ordres qui lui ont été donnés dans les termes les plus formels, les plus précis par Krafft, ordres dont l'exécution avait été surveillée par le capitaine Jacq, qui était là sur le port, sur le navire, présidant à tout et contrôlant tout, M. Le More n'a plus qu'une chose à faire, c'est de passer un acte par lequel il met le navire ainsi que son chargement, sa cargaison à l'entière disposition de son propriétaire, et en conséquence, le 12 novembre, par acte notarié, il donne la procuration suivante à Krafft :

« Devant Me Marcel, notaire, au Havre,
» Procuration par M. Le More au nom et Compe, gérant de sa maison ;
» Constituant pour son mandataire général aux effets ci-après, M. Krafft, ancien négociant à Paris ;
» Pour gérer et administrer de la manière la plus étendue le navire *Bogota*, du port du Havre, appartenant à la maison Le More et Co, expédié par elle pour Ténériffe et Saint-Paul de Loando. »

Vous comprenez, messieurs, que c'était là un moyen employé pour investir Krafft, sans recourir à une vente inutile et qui aurait entraîné des frais considérables ;

sur le navire acheté pour son compte et dont Le More avait dû se porter adjudicataire.

« Vendre soit en totalité soit par parties aux personnes, aux prix et conditions qu'il plaira au mandataire, la cargaison dudit navire, toucher le prix de vente.

» Vendre le navire lui-même soit à l'amiable, soit aux enchères, aux personnes, prix, charges et conditions que le mandataire jugera convenables, etc. »

Le navire part; Krafft s'en va à Cadix où il s'embarque. Il y fait des acquisitions nouvelles; mais tout cela est désormais complètement étranger à la maison Le More. La maison Le More n'a plus qu'une chose à faire: Présenter ses comptes et les régulariser. Ils lui sont demandés par Krafft, qui lui écrit à la date du 14 novembre :

« Je suis, monsieur, très honoré de vos bons souhaits et n'ai pas de paroles pour vous exprimer ma reconnaissance. Recevez donc mes bien sincères remerciements de votre activité et l'amitié que vous m'avez accordée. Quand vous aurez fini vous enverrez le solde à M. Talamon. Excusez-moi, mais il me reste si peu de temps pour finir mes affaires, partant ce soir de Paris, et demain je m'embarque pour Cadix, d'où je me réserve le plaisir de vous donner de mes nouvelles. »

Le 1er décembre, Krafft écrit encore, ou plutôt c'est le capitaine Jacq qui écrit en son nom :

« Ci-inclus vous trouverez les derniers comptes terminant l'armement du *Bogota*.

» Je vous les remets après avoir vu M. Krafft qui me dit de vous prier d'en terminer le réglement. Veuillez, je vous prie, y apporter, si c'est possible, le meilleur réglement pour les intérêts de l'armement. »

Voilà, messieurs, le compte tel qu'il a été établi par les livres, tel qu'il a été vérifié, tel qu'il a été soldé par les remises de Krafft, et en verité, à partir de ce moment, tout est complètement terminé pour M. Le More. Sa position est incontestablement la plus nette, la plus simple, la plus claire. C'est un négociant français, et occupant une position commerciale importante; devant lui s'est présenté un étranger qui, lui, veut faire la traite, qui a besoin d'avoir un navire français pour transporter sur la côte d'Afrique tout ce qu'il a besoin d'y faire parvenir et qui a besoin de faire opérer un chargement dans le port français par un homme dont la loyauté est parfaitement connue, et à qui il donne des ordres et remet des fonds pour balancer les avances qu'il pourrait être obligé de faire. Les ordres ont été reçus, ils ont été exécutés et le navire est parti, après réglement de comptes.

Qu'est-il advenu de ce navire, qu'est-ce que Krafft en a fait et voulu en faire avec la procuration qui l'autorisait à le vendre? Qu'importe à M. Le More ; on ne peut pas lui dire : Vous étiez intéressé, car, il serait ridicule de dire au chef d'une maison importante : Vous aviez une commission de 2 0/0, donc vous étiez intéressé ; cela est ridicule, cela n'est pas possible. On a interrogé sa vie entière et on n'a trouvé aucune trace d'une valeur dont l'origine ne soit bien expliquée. Il n'avait donc aucun intérêt. Il a touché une commission, elle a été très modique,elle a été de 1,700 et tant de francs pour le *Bogota*. Voilà toute sa participation. Que deviendra le *Bogota* ultérieurement ; en sera-t-il responsable ? Non, assurément.

Mais s'il n'a pas été complice, s'il.n'a eu aucun intérêt dans la spéculation de Krafft, M. Le More, cependant, n'a-t-il pas dû comprendre que le chargement qui lui était confié, pour lequel il était commissionnaire, était suspect, et que les marchandises embarquées devaient servir plus tard à la nourriture des nègres qu'on transporterait de la côte d'Afrique à Cuba. Il y avait, dit-on, quelque chose de suspect dans l'opération, car on ne retrouve pas le connaissement du navire, et il a dû y avoir un connaissement.

D'abord je le demande, quelle est l'importance de l'un des quatre exemplaires du connaissement, c'est-à-dire l'état détaillé des objets que contenait le bâtiment ? Quelle est son importance aujourd'hui ? La nature en-est elle contestée ? Vous avez eu en main le permis de sortie de la douane. Le permis énonce tous les objets qui étaient chargés sur le bâtiment; et ce permis de sortie n'a pu être délivré que conforme à l'état même du chargement ; ainsi le connaissement a été fait en quatre expéditions, l'une pour le chargeur, la seconde pour le commissionnaire,la troisième pour le capitaine et la quatrième pour le destinataire. Est-ce bien à Le More qu'a été remise l'expédition du connaissement? Cette expédition n'aurait-elle pas été remise au véritable fondé de pouvoir de Krafft, au capitaine Jacq? Nous n'en savons rien, toujours est-il que Le More ne la retrouve pas chez lui et Hardoin, son premier commis, ne sait pas ce qu'elle est devenue, mais, qu'est-ce que cela peut faire au procès? Il est certain que ce connaissement a existé, sans cela l'armateur, le propriétaire du navire, Krafft enfin, n'aurait pas obtenu un permis de sortie, et cela suffit assurément, pour constater la régularité des opérations. On ne peut pas dire qu'il n'y a pas eu de manifeste de sortie, sans cela le bâtiment ne serait pas sorti. Dire qu'il n'y a pas eu de régularité parce que le bâtiment serait sorti sans manifeste, c'est impossible car un bâtiment ne sort jamais du port sans un permis de la douane.

Mais, dit-on, M. Le More a dû inspecter le chargement , parce qu'il y avait une grande·quantité d'eau douce pour le *Bogota* ; c'est une erreur, les fûts chargés vides n'ont pas été remplis au Havre, mais seulement à la rivière du Congo ; quand les fûts sont partis, ils sont partis vides. Ce n'est donc pas un approvisionnement d'eau douce qui a pu éveiller les soupçons de M. Le More, et remarquez bien qu'ici la prévention n'est pas venue vous dire: Nous avons la preuve que M. Le More s'est concerté avec Krafft ; nous avons la certitude qu'il était intéressé dans la vente du navire ; non, elle a dit : nous présumons que M. Le More a dû inspecter le chargement. Et c'est sur cette présomption qu'on voudrait faire condamner un négociant honorable ! Mais songez donc au danger qu'on ferait courir à toutes les maisons de commerce. On viendrait dire à un commissionnaire : Mettez sur tel navire telle ou.telle marchandise ; le chargement sera vérifié à la douane, qui délivrera le permis de sortie sur le connaissement, et puis on dirait au commissionnaire : Vous avez dû suspecter le chargement et voir qu'il était destiné à la traite ! Je veux être modéré dans l'expression, mais la prétention est tout bonnement absurde.

Sur ce point, que reste-t-il ? La marchandise ? Mais la marchandise, était-ce le tafia, le rhum, la bougie, les différentes denrées ? Non, ce sont les biscuits, 5 à 6 mille kilos de ces biscuits qui étaient sur le navire. L'expert a dit : Pour un équipage de treize hommes, cette quantité aurait fourni tant de rations, et par conséquent alimenté deux ans et demi l'équipage ; c'était donc pour une autre destination que le navire était chargé, et cette quantité de biscuit ne pouvait pas être vendue sur la côte d'Afrique, a dit M. l'Avocat général, car les naturels mangent du manioc et ne mangent pas du biscuit ; par conséquent on ne transportait du biscuit sur la côte d'Afrique que pour les nègres.

Est-ce vrai cela ? Est-ce que tous les jours on ne transporte pas de grandes quantités de biscuit sur les côtes d'Afrique. Pour les vendre à qui ? Aux navires, aux armateurs de la côte d'Afrique, qui, ayant des expéditions à faire, prennent volontiers le biscuit venu de France. Ainsi donc les quantités de biscuit quelles qu'elles soient, ne peuvent éveiller par elles-mêmes aucun soupçon, car elles doivent être considérées comme objets de marchandises tout aussi bien que le tafia, la bougie et le sucre ; cela est incontestable.

Permettez-moi de le dire, je ne peux pas comprendre que l'accusation s'arrête un moment à cette idée que M. Le More a pu deviner, sans concert avec Krafft, que le chargement était destiné à nourrir plus tard des nègres. Mais la douane, mais l'administration du port qui a vu le chargement, la douane qui a constaté dans le permis de sortie 6,000 kil. de biscuit, n'aurait-elle pas demandé à quoi ce chargement était destiné, si elle ne voyait pas tous les jours partir de grandes quantités de biscuit ? Elle aurait dit : Ces 6,000 kil. sont donc pour nourrir des nègres ? Eh bien, non, elle n'a rien dit, elle n'a rien suspecté. Le navire est parti, il est parti avec la plus grande régularité, et l'administration française, très vigilante sur tout ce qui peut toucher à la traite des nègres, n'a eu aucune espèce de soupçon ; on a parfaitement vu qu'on expédiait 6,000 kil. de biscuit dans un vaisseau monté par treize hommes, et cependant on n'a pas vu là le projet d'une expédition suspecte. Et vous voulez que le négociant qui est au fond de son bureau, en voyant cette quantité de biscuit, devine qu'elle doit probablement servir à nourrir des nègres ; non, cela n'est pas raisonnable.

Indépendamment de la douane, il y a la compagnie d'assurances. La compagnie d'assurances n'a pas accepté la prime sur un chargement qu'on pouvait considérer comme destiné à faire la traite ; si on le lui avait proposé, elle s'y serait refusée. Il n'y avait donc rien dans le chargement qui pût éveiller les soupçons, faire pressentir que le bâtiment chargé de marchandises et se rendant sur la côte d'Afrique, pût se proposer autre chose que de vendre la cargaison.

Mais, messieurs, ce qu'il y a de plus à dire dans cette affaire pour le *Bogota*, c'est que la cargaison a été vendue, c'est que toutes ces marchandises-là ont été pendant deux mois et demi l'objet de ventes qui se sont effectuées dans différentes escales, sur sept à huit points de la côte.

Hier, à l'audience, le nommé Legoff vous a dit que quand on était parti de Whydah, il ne restait presque plus de biscuit ; qu'il n'était donc pas vrai que Krafft eût destiné aux nègres qui iraient de la côte d'Afrique à Cuba, la quantité de biscuit embarquée ; que tout ce qui était sur le bâtiment, aussi bien le biscuit que le reste, avait été vendu sur la côte avant qu'on vendît le navire.

Le capitaine Jacq dit que, quant à lui, lorsqu'il avait vu le chargement auquel il présidait, il avait eu des soupçons ; qu'il avait fini par avoir une conversation avec Krafft, et que dans des détails plus ou moins évasifs, Krafft avait confirmé ses soupçons que le navire était destiné à faire la traite.

C'est possible, je ne nie pas cette conversation ; je comprends que le capitaine Jacq ait pu avoir ces idées, je comprends que Krafft, par ses demi-révélations, ait confirmé les soupçons du capitaine Jacq, tout cela peut être vrai ; mais ce qu'il faudrait dire, c'est ceci : Le capitaine Jacq a-t-il communiqué ses soupçons à M. Le More ? Non, aucune communication de ce genre n'a eu lieu entre le capitaine Jacq et M. Le More. Le capitaine et le propriétaire du navire avaient un grand intérêt à maintenir M. Le More dans une complète ignorance, dans une complète erreur, et il est si vrai que le chargement du navire ne devait soulever aucun soupçon dans la pensée du commissionnaire, cela est si vrai, qu'un fort honnête homme, M. Legoff, est monté sur ce bâtiment pour se rendre en Afrique. C'est un homme très opposé à la traite des noirs ; c'est un homme qui même dans la traversée, ayant eu occasion de parler de la traite, s'en est expliqué dans des termes qui ont blessé le propriétaire Krafft, et amené une querelle dont tout l'équipage a été témoin. Enfin, quand Legoff a vu que sur la côte, dans toutes les escales on vendait le chargement du navire, qu'on achetait le manioc et le riz, et qu'on se rendait à Whydah pour embarquer des nègres, Legoff a quitté le bâtiment. Il n'a pas été le seul, deux autres hommes de l'équipage, le nommé Laurent, et un troisième dont le nom m'échappe, ont également quitté le bâtiment lorsqu'ils ont vu qu'on s'occupait de la traite.

Ainsi vous voyez que des hommes de mer, des aspirants destinés à être capitaines comme Legoff, qui ne veulent pas participer à la traite, n'ont rien suspecté d'après la nature du chargement et qu'ils sont partis avec toute confiance. Ce n'est que quand s'est révélée à eux l'intention jusque-là cachée de Krafft qu'ils ont quitté le bâtiment. Et vous viendrez accuser M. Le More, et vous trouverez des hommes de bon sens, des gens d'honneur, des Jurés, vous les trouverez disposés à croire, à penser avec vous que M. Le More a suspecté la destination d'un chargement dont l'objet n'avait donné aucun soupçon à la compagnie d'assurances, à la douane, à Legoff, n'avait donné aucun soupçon à aucun des hommes de mer qui faisaient partie de l'équipage, et qui n'auraient jamais voulu prendre part à une opération de traite. Comment! Quand ces hommes expérimentés, dont l'attention était éveillée, ont tous vu le chargement sans qu'il leur inspirât le moindre soupçon, vous venez dire à M. Le More : Vous êtes coupable à nos yeux, parce qu'il est impossible que vous n'ayez pas deviné quel devait être l'objet du chargement! Cela n'est pas sérieux.

Voilà, messieurs, à quoi se réduit la première partie de cette affaire et, permettez-moi de vous le dire, je ne comprends vraiment pas, qu'en présence de la correspondance précisant si bien la situation de M. Le More, cet honorable négociant ait pu être condamné à subir huit mois de détention, être éloigné de sa famille et jeté au milieu de mille périls dans lesquels devait succomber sa maison de commerce qui, heureusement, grâce à sa loyauté et à son grand crédit, a pu résister. Est-il raisonnable, est-il possible de venir dire à un commerçant, qui a touché 2,600 fr. pour avoir acheté les navires et fait les achats constatés par les factures : Vous êtes suspect d'avoir pris part à une opération de traite des noirs? Je maintiens qu'une telle accusation n'est pas tolérable, qu'elle tombe au premier examen, et qu'il faut ramener les choses à leur vérité. M. Le More a été un honnête commissionnaire, ayant loyalement rempli la mission qui lui avait été donnée. Voilà la situation de M. Le More. Pour lui rien n'était suspect, pas plus que pour la douane, pas plus que pour la compagnie d'assurances et pour M. Legoff. Le navire est parti, ce qu'il a fait après son départ importe peu en ce qui concerne M. Le More.

Enfin le navire a été capturé par un croiseur américain qui a été plein d'égards, de courtoisie pour tous les hommes du bord, et enchanté de faire une capture qui lui profitait.

Le bruit de cette capture est arrivé au Havre, et M. Le More, dont les comptes se sont soldés par 1,700 fr. de commission, M. Le More a lu cette nouvelle dans le *Journal du Havre*. Voici ce que dit cette feuille, à la date du 17 juin 1860, si je ne me trompe.. Mais avant de citer le texte du *Journal du Havre*, il faut citer un fait bien grave pour la justification de M. Le More et pour constater sa parfaite bonne foi.

Le navire était parti le 12 novembre; il avait été assuré pour six mois; M. Le More n'avait aucun intérêt dans le navire et, néanmoins, en commissionnaire fidèle, dans l'intérêt de ses commettants, voyant expirer le délai de l'assurance, ne sachant pas ce que le navire est devenu, s'il a été ou non vendu sur la côte d'Afrique, s'il a été ou non dénationalisé, ne sachant pas s'il a été capturé, avant la nouvelle publiée dans le *Journal du Havre*, M. Le More, en négociant fidèle, en commissionnaire soigneux des intérêts de ses commettants, s'en va renouveler les polices d'assurances. Voici ce renouvellement du 18 juin 1860 : « certifié conforme à leur registre par les courtiers d'assurances » ; voilà le contrat par lequel il est dit que M. Le More demande aux signataires de ces polices de « continuer les dits risques, moyennant une augmentation proportionnelle de la prime stipulée pour chaque mois commencé » ; voilà M. Le More avec sa parfaite bonne foi, ne sachant pas ce qu'est devenu le navire, ne se doutant pas qu'il a été vendu et qu'on lui a fait faire la traite, ne sachant pas qu'il a pu être capturé

3

mais qui, voulant continuer la sécurité de ce navire confié à ses soins comme commissionnaire, va renouveler l'assurance. Dire qu'il l'a fait avec la connaissance que le navire
avait fait la traite, qu'il avait été vendu, dénationalisé, capturé, mais véritablement,
messieurs, c'est un acte de folie. Non, M. Le More a fait le 18 juin ce qui était dans le
devoir d'un commissionnaire exact et scrupuleux en renouvelant l'assurance, dans l'intérêt de ceux qui lui avaient donné commission et qui étaient absents.

Peu de jours après ce renouvellement de l'assurance, arrive le *Journal du Havre*
qui va rendre compte dans les termes suivants de ce qu'on vient de lire dans le *New-
York-Herald*; on vous l'a déjà lu, permettez-moi de vous le relire, j'en ai besoin :

« Le capitaine de la barque est en apparence français (il parle bien l'anglais); il est d'humeur
aimable et de bonne façon, montrant la gaie philosophie et le « sang-froid » de sa nation.

» L'équipage est en apparence fort hétérogène. Un ou deux hommes peuvent bien être
anglais ou américains, mais comme ils sont en général peu parleurs, on les a supposés appartenir à
la race saxonne d'après l'accent caractéristique avec lequel ils ont dit : « Où allez-vous nous faire
prendre notre grog ? »

Voilà ce que le journal américain a dit. M. Le More a lu cela ; il n'y est question de rien qui puisse le toucher. On ne signale pas autrement le navire, le nom de
Bogota n'est pas même dans l'article reproduit. Et puis on nomme un subrécargue du
nom de Lewis, qu'on a dit être Krafft. Comment reconnaître Krafft dans Lewis? Krafft
n'était pas subrécargue, il était propriétaire du navire.

Voilà ce que dit le journaliste du Havre :

« Si c'est le *Bogota* qui a été capturé, le personnage Lewis pourrait bien être celui à qui le
navire a été vendu, car c'est une personne qui demeurait à Neuilly-sur-Seine. »

Qu'est-ce que cela prouvait pour M. Le More? Il avait acheté le navire
pour le compte de Krafft, Krafft avait une cargaison qu'il voulait vendre sur la
côte d'Afrique et qu'il a vendue: Krafft a-t-il vendu son navire? Qu'est-ce que c'est que
ce Lewis qui a fait la traite, qui était sur le bâtiment? Cela veut-il dire que c'était Krafft
lui-même qui faisait la traite; en un mot, y a-t-il même la constatation suffisante que
c'est bien le navire le *Bogota*, propriété de Krafft, qui a été saisi par le croiseur américain et considéré comme faisant la traite? Non, assurément.

Mais, vous dit-on, M. Le More a dû connaître le sort du *Bogota*, parce qu'il a vu
le capitaine Jacq, et que le capitaine Jacq lui a parlé de la traite faite par le *Bogota*;
nous allons voir en quels termes. Mais M. Le More a vu aussi Legoff; Legoff est venu
à votre audience à deux ou trois reprises; comme dans l'instruction, il a déclaré que sa
conviction parfaite était que M. Le More ignorait tout, qu'il n'avait aucune connaissance
des projets de Krafft. C'est la déclaration formelle du commandant Legoff; il l'a répétée

hier dans des termes dont vous n'avez pas perdu le souvenir; il vous a dit que, non seulement lui, Legoff, n'avait rien vu dans le chargement du navire, mais que M. Le More n'avait rien su de sa conversation, que, par conséquent, il n'avait rien pu en résulter qui lui expliquât comment le navire avait été vendu. Legoff a dit : Je me suis en allé parce que je n'ai pas voulu participer à la traite.

Reste le capitaine Jacq. Le capitaine Jacq est venu trouver M. Le More. C'est un homme d'un tempérament nerveux qui, quand une idée pénètre dans son cerveau, ne peut pas la garder, elle lui échappe malgré lui, vous l'avez vu hier; eh bien, le capitaine Jacq s'est rendu auprès de M. Le More et, il vous l'a dit, il était très troublé, très inquiet. Il arrivait pour faire quelques réclamations au sujet de ce qui pouvait lui être dû aux termes de son engagement sur le navire le *Bogota*. Il n'osait pas assurément dire à M. Le More : Le navire a fait la traite; c'était la chose qu'il redoutait le plus. Cependant M. Le More l'interroge et lui dit : Que s'est-il donc passé, car j'ai vu dans le *Journal du Havre* que le navire le *Bogota* avait été saisi faisant la traite? — Oui, j'ai vu cela aussi dans le journal américain. — Mais vous n'étiez pas sur le navire? Le capitaine Jacq garde un moment le silence, et puis il dit brusquement : Si, j'étais sur le navire. Il ne donne pas d'autre explication. Eh bien, voilà ce que sait M. Le More, que le navire a été vendu, qu'il a été vendu à un portugais, que le capitaine Jacq a continué la navigation, que le capitaine Jacq a été, à ce qu'il paraît, sur le navire qui a fait la traite. Mais le capitaine Jacq lui a-t-il dit que Krafft était sur le navire, que Krafft était par conséquent un homme suspect? Non !

Krafft, aux yeux de M. Le More, avait fait l'opération la plus simple. Il avait acheté un navire et l'avait chargé; il avait fait des bénéfices sur la vente de la cargaison; il avait vendu le navire, et fait un bénéfice sur le navire ; c'était une opération innocente. Ce qui rendrait l'opération criminelle aux yeux de M. Le More, ce serait la certitude acquise que Krafft avait continué à naviguer pour faire la traite ; cela le rendrait très suspect à M. Le More.

Qu'est-ce qu'a dit Krafft à M. Le More ? J'ai vendu mon navire et ma cargaison, j'ai fait une bonne affaire. Il lui a dit cela sans expliquer rien qui pût inspirer des soupçons, au contraire, il a écrit à M. Le More dans un langage qui devait détourner les soupçons de M. Le More et donner à comprendre que Krafft avait fait ce que tout le monde fait : acheté et chargé un navire, vendu la marchandise et le vaisseau ; voilà tout ce que M. Le More a compris.

Mais il n'y a pas que M. Le More qui l'a compris ainsi; l'administration française l'a compris de la même manière. En effet, postérieurement à la prétendue conversation du capitaine Jacq avec M. Le More, sont arrivés en France les papiers de bord du *Bogota*, ils sont arrivés à la douane, ils ont été renvoyés sans doute au capitaine Jacq avec cette mission qui est écrite en entier par le capitaine Jacq :

« Suivant une procuration, M. Krafft, ancien négociant à Paris, usant du droit à lui accordé par M. Le More, a vendu à M. Samuel Dacosta Joarez, négociant portugais, à Ajudée, le trois mâts français le *Bogota*, et en a conséquemment retiré le pavillon, les papiers et autres.

» Ajudée, 7 Avril 1860,

» Signé: JACQ. ι

Voilà la déclaration. Ces papiers sont arrivés à l'administration française. L'administration française a dû régulariser et le solde qui pouvait être dû aux matelots et, pour les versements à la caisse de la marine, le tiers qui appartient, pour ces sortes d'affaires, à la caisse des *Invalides de la Marine*. Voici la déclaration de l'administration des douanes :

« Les employés des douanes soussignés, certifient que les papiers de bord et l'acte de francisation du *Bogota*, jaugeant 232 53/100, ayant été renvoyés en douane, la soumission de francisation souscrite par le sieur Le More a été dès-lors annulée en vertu de l'autorisation de M. le Directeur, du 23 novembre 1860.

» En foi de quoi, etc. »

Ainsi, si le rédacteur du *Journal du Havre*, si la conversation plus ou moins vague, en juillet, du capitaine Jacq avaient pu inspirer quelque inquiétude à M. Le More à l'égard de Krafft, les assurances positives qu'il recevait, qu'il s'était borné à la vente des marchandises et du navire, la régularisation de la vente du navire, la réception de tous les papiers de bord, la dénationalisation du navire, tout cela devait rassurer M. Le More et ne pas lui laisser plus de défiance qu'à la douane.

Voilà donc la première opération, la voilà parfaitement justifiée. M. Le More ayant été purement et simplement commissionnaire, la présomption tirée de la nature du chargement dont on veut faire le seul titre contre lui, n'établissant en aucune manière qu'il ait été intéressé dans l'opération, mais le réduisant à cette malheureuse commission de deux pour cent, la présomption qu'il aurait dû, comme le capitaine Jacq, pressentir que le bâtiment devait être un jour destiné à la traite, tombe d'une manière absolue et ne saurait être relevée.

Cette opération terminée, le bruit de la capture arrive, le compte-rendu de cette capture est donné dans les journaux. Le capitaine Jacq en dit quelques mots. Mais l'administration française a reçu les papiers de bord, la dénationalisation du navire a été régularisée. Qu'est-ce qui reste à la charge de M. Le More ? Rien. Krafft pouvait-il d'ailleurs apparaître à M. Le More comme un homme qui dût être l'objet de soupçons ? Krafft, à l'égard duquel il y aurait eu une constatation sous le nom de Lewis, qui aurait été capturé aux abords de Cuba, qui aurait été conduit aux États-Unis, qui aurait obtenu son passage après la confiscation du navire, et son retour en France, Krafft avait-il cette attitude-là ? Non, Krafft, qui avait expliqué son opération de vendeur de la cargaison et du navire, est revenu au Havre librement ; il se montre à la bourse, sur la place, cause avec les armateurs, les négociants, est dans les meilleurs termes avec Lima et d'autres ports, et reçoit de ces différents points des cargaisons qui lui sont adressées au Havre. Il est en parfaite liberté en face de l'administration française. Un an s'écoule ainsi, et aucun motif assurément ne devait inspirer des défiances contre Krafft, qui avait donné les explications les plus péremptoires, et qui justifiait de son innocence, par l'entière liberté qu'il trouvait sur la place, où, au commencement de 1861, nous allons voir qu'il cherchait à négocier de nouvelles affaires.

Il y avait un navire, au Havre, qui avait échoué, dans le courant de 1860, si je ne me trompe. Ce navire échoué avait été déclaré innavigable et vendu comme carcasse pour être détruit, sauf réparation et francisation ; c'était un navire espagnol, nommé *Etelvina*, qui, le 3 novembre 1860, fut adjugé à MM. Tinel et Ce. Ce navire-là, Krafft, spéculateur, l'a vu et a désiré savoir si on ne pourrait pas l'acheter, le réparer et le mettre en état, en le francisant, de reprendre la mer. Il écrit, le 30 avril 1861, à M. Le More :

« Je suis resté indisposé chez moi et n'ai pas eu le plaisir de vous voir, d'abord pour vous remettre les 200 francs, puis en même temps vous dire si vous aviez reçu par le navire *Ville-de-Lima*, capitaine David, trois colis que je vous ai adressés en juin dernier ; si vous les avez en votre possession, soyez assez bon pour me les faire diriger sur Neuilly, quai Bourdon, 10 (Seine), en me joignant dans votre lettre la petite note des frais que vous aurez faits. Donnez-moi avis du jour où vous viendrez. A présent que me voilà acclimaté, je puis être exact au rendez-vous. »

Dans une autre lettre, du 3 mai 1861 (pardonnez-moi ces détails, ils faut voir comment se renouvellent les affaires), Krafft écrit à M. Le More :

« Dites-moi si la goëlette a le pavillon français ou si elle est encore espagnole. »

Ceci, je le répète, est une lettre du 3 mai 1861. Krafft écrit encore à M. Le More :

« Je pars demain lundi par le train de une heure après-midi, de manière qu'à 6 heures 1/2 je serai au Havre. Si vous avez la bonté de m'attendre, nous irons ensemble voir le navire dont nous avons parlé, et nous en terminerons l'achat afin de le dépêcher au plus vite. »

Le 16 juillet, réponse de M. Le More :

« Nous avons eu une longue conférence avec l'armateur de l'*Etelvina,* nous lui avons soumis vos conditions que nous relatons ici :

» Décapeler et recourir le gréement. — Grand mât, mât de misaine et mât de hune, à changer, tomber en carène, redoubler le navire avec un cuivre pouvant durer 18 mois; faire toutes les réparations nécessaires à la coque, au jeu de voiles existant, fournir en plus une grande voile, un hunier, une misaine, un grand foc, un petit foc de rechange, le navire et la mâture peints, enfin pouvant sortir avec une bonne cote, après visite des capitaines experts.

» Il s'engage à vous livrer le navire dans ces conditions et à votre entière satisfaction, mais nous fait observer que la mâture est excellente et supérieure à celle neuve qu'on pourrait mettre, et qu'un examen plus appronfondi de votre part vous en aurait fourni la preuve. Néanmoins, il la changerait si vous le désiriez. Toutes les autres conditions coulent de source; il compte même fournir un treuil, et le cuivre qu'il mettra durera 4 ans au moins. La mâture à changer et le grand nombre de voiles en plus lui font augmenter ses prétentions, et il demande 25,500 fr.; il ferait une diminution de 1,000 fr. si les mâts n'étaient pas changés (grand mât et mât de misaine). Quant au délai de 25 jours pour livrer le navire, il ne pourrait pas s'engager pour un si court espace, attendu qu'une carène seule, même au Havre, exige 14 à 15 jours; seulement si l'affaire se fait, il mettra, vous pouvez y compter, toute diligence, et vous pourrez juger par vous-même, si vous le désirez, qu'il sera impossible d'aller plus vite. On fera marcher le tout de front pour ne pas perdre un seul instant.

» J'oubliais, quant à la cote, on ne pourra prétendre obtenir plus de trois quarts, malgré toute la solidité du navire; dans tous les cas, elle permettra de pouvoir faire assurer le navire.

» On pourra expédier le navire de Fécamp; il prendra ici des pièces à eau pour son lest.

» Voici, nous le pensons, tous les renseignements que vous nous demandiez, et il ne nous reste plus qu'à bien vous assurer que nous défendrons vos intérêts comme les nôtres propres, et dans l'attente de vos bonnes nouvelles, etc. »

Le 17 juillet, ordre d'achat.

« Sur l'examen que vous désirez que je fasse pour la mâture, écrit Krafft à M. Le More, je puis toujours laisser cette décision pour plus tard, car un mât ou deux se changent bien vite étant le navire avec son gréement en bas, de sorte que je vous donne la faculté de terminer l'achat du navire au prix de 22,500 fr., etc.

» Si vous pouvez déterminer ces messieurs à faire cette petite réduction, faites un contrat bien conforme, et je vous envoie une lettre de 1,200 liv. sur Londres et acceptée depuis cinq jours; plus tard, je vous enverrai le reste pour l'armement, c'est-à-dire les vivres. C'est bien entendu, on nous livrera le navire gréé, voilé, envergué, prêt à mettre à la voile pour voyager. »

Un peu plus bas, je vois dans cette lettre qu'on songe à couvrir le commissionnaire :

« Si vous terminez à 22,500 fr., donnez-moi réponse demain. »

Et puis à la fin de cette lettre du 17 juillet, il dit encore :

« Si en cas vous terminez, mettez soixante ou quatre-vingts grands tonneaux, bons pour mettre de l'eau, de la grandeur de 600 bouteilles, cela lui servira de lest, on pourra les remplir d'eau salée. »

Voilà les premiers ordres de Krafft. On vous a parlé de cette eau douce pour préparer l'abreuvement des nègres, mais les premiers ordres de Krafft avaient été, comme nous venons de le voir, de mettre de l'eau salée ; ce qui, s'il y avait eu des soupçons, lès aurait détruits dans l'esprit de M. Le More. Enfin M. Le More écrit le 18 juillet :

« Nous avons traité pour votre compte l'achat du navire *Etelvina*, aux conditions stipulées dans votre correspondance, moyennant 24,000 francs, et 23,000 francs si les mâts ne sont pas changés. Dès ce soir on s'occupe d'expédier le navire à Fécamp.

» Pour ce qui est de la mise en règle de l'affaire, vous pouvez compter, cher monsieur, que sous aucun rapport vous n'aurez le moindre reproche à faire, tout sera exécuté et fait à votre entière satisfaction.... Nous le répétons, on ne peut refuser la francisation. »

Le 19 juillet, autre lettre de Krafft à M. Le More :

« Je vous confirme par écrit l'ordre d'achat du navire pour 24,000 francs. Bien entendu que c'est avec les trois mâts neufs que vous avez mis dans votre appoint. »

Voilà en effet toutes les réparations du navire stipulées. On a dit là-dessus que l'acte d'adjudication était une chose qui n'avait pas le moindre fondement. L'acte d'accusation reçoit encore des pièces, sur ce point, le plus singulier démenti. Voici la déclaration de la maison Tinel et Cᵉ, qui avait acheté le navire en novembre 1860, pour 7,000 francs :

« Nous soussignés, Tinel et Cᵉ, armateurs au Havre,

» Déclarons qu'en vendant notre navire *Etelvina*, à forfait, réparé, caréné, francisé, prêt à prendre la mer, avec certificat des experts d'une cote au *Véritas*, nous avons mis pour *condition expresse* que nous ferions faire les réparations à Fécamp, port de marée, où on peut travailler un navire à sec.

» Le devis estimatif des experts, pour la réparation au Havre, étant de 18,000 francs, il nous eût fallu vendre ce navire au moins 30,000 francs pour ne pas y perdre, et nous ne l'avons vendu que 24,000 francs, la clé à la main.

» Nous déclarons encore que nous n'étions pas obligés d'y mettre un doublage en cuivre neuf, que l'ancien pouvait servir, que ce n'était que par concession que nous avons consenti à en mettre un neuf.

» La présente déclaration certifiée véritable pour valoir ce que de besoin.

» Fait au Havre, le dix-neuf novembre mil huit cent soixante-deux.

» Signé Tinel. »

Ainsi le navire déclaré innavigable devait être refondu, il ne pouvait prendre la mer qu'à cette condition et à la condition d'être francisé. Qui s'est chargé de tout cela? Est-ce M. Le More? En aucune manière ; c'est la maison Tinel qui s'est chargée d'envoyer le navire à Fécamp. Pourquoi à Fécamp ? Est-ce pour échapper à l'attention de l'administration du Havre? Non, assurément. On a transporté le navire *Etelvina* dans son mauvais état d'échouement, on l'a transporté à Fécamp, parce que les réparations devaient s'y faire à meilleur marché, et vous savez qu'il devait être livré la clé à la main. C'est ainsi que les choses se sont passées. Vous voyez que l'intervention de M. Le More a été encore ici purement et simplement celle d'un commissionnaire qui se chargeait de payer la somme de 24,000 fr., et à qui on remettait 30,000 fr. pour assurer son remboursement; ces 30,000 fr. lui sont, en effet, fournis par une traite. Dans la lettre qui contient cette traite, Krafft indique, de manière à tromper M. Le More, ou à le laisser dans une complète erreur, ou à confirmer ce qu'il avait dit précédemment ; il indique qu'il est très pressé que le navire parte, parce que ce navire peut lui présenter un bénéfice. « Un retard, dit-il, nous entraînerait à des pertes bien grandes et nous ferait perdre un bénéfice que l'on nous a préparé. » Qu'est-ce que cela veut dire ? le voici : Il y avait à la côte d'Afrique, sur un autre point que le point duquel avait été expédié le *Bogota*, il y avait une grande maison maritime, la maison Bothello. Cette maison avait un agent nommé Aguiar, son représentant en France, et cet Aguiar s'était adressé à Krafft. Etait-il en complicité avec Krafft? cela ne me regarde en aucune manière. Aguiar est là le représentant de Bothello, et Aguiar se trouve sur le port de Fécamp lorsque le navire va être prêt à recevoir son chargement. Il s'y est présenté, en quelle qualité ? Pour être l'affréteur du bâtiment, au compte de Bothello. Je ne vous lis pas toute la correspondance dans laquelle il n'est question que des qualités qui sont données à Aguiar par Krafft, Krafft écrivait le 20 juillet à M. Le More :

« Dans votre lettre du 18 courant, vous me confirmez ce que votre télégramme m'avait annoncé, je n'ai rien à ajouter à mes ordres antérieurs, sinon que je dois vous dire que je tiens essentiellement à la francisation du navire. Ce qui m'a déterminé à l'acheter, c'est la condition qu'il serait français.... Je vais, lundi ou mardi, vous faire passer la traite de 1,200 livres sterling. »

Ce n'est pas un coureur de traite qui tient ce langage, qui ne parle que des ordres qu'il donne, et auquel le commissionnaire répond qu'il exécutera les ordres qui lui ont été donnés.

Toujours est-il que le chargement du navire est fait, et que le bâtiment est nolisé et affrété au nom d'Aguiar. Voilà la charte-partie qui a été signée par M. Le More et par Aguiar, charte-partie que M. Le More devait signer, puisque c'était le propriétaire apparent du navire. Voici en quels termes elle est conçue :

« Entre G.-A. Lemore et Cᵉ, agissant comme propriétaires apparents du navire français nommé *Etelvina*, jaugeant 148 tonneaux, présentement au port de Fécamp, comme fréteur, d'une part, et M. Francisco Aguiard, chargé de pouvoir de M. Joachim-Antonio Bothello, négociant, demeurant à Benguela, comme affréteur, d'autre part, la présente charte-partie a été arrêtée comme suit, par l'entremise de G.-A. Lemore et Cᵉ, qui demeurent chargés de l'expédition dudit navire :

» Article 1ᵉʳ.
» MM. G.-A. Le More et Cᵉ frètent à M. Francisco Aguiard, ce acceptant, ledit navire *Etelvina* en bon et dû état, bien étanché et muni de toutes les choses nécessaires, pour naviguer avec sûreté, à l'effet de charger à Fécamp les marchandises que l'affréteur pourra envoyer, et de là faire route pour Sainte-Croix de Ténériffe et charger les marchandises que les correspondants des affréteurs enverront à bord, et ensuite partir pour Saint-Philippe de Benguela où, après avoir effectué son déchargement, et de là ou des ports environnants, prendre un chargement de retour en gomme, huile de palme, etc., pour le Havre ou Marseille, au choix de l'affréteur, etc. »

Remarquez ceci, qu'à la première expédition, celle du *Bogota*, Krafft avait envoyé d'avance un capitaine, le capitaine Jacq, pour diriger toute l'opération. Dans cette deuxième affaire, qui est traitée avec une entière liberté, dans cet état de liberté absolue dont jouissait Krafft dans le port du Havre, vis-à-vis de toutes les autorités françaises, que se passe-t-il? Kràfft présente à M. Le More M. Aguiar, fondé de pouvoir de la maison Bothello, à laquelle il a frété le navire *Etelvina*. La charte-partie est signée ; il faut un capitaine ; ce n'est pas M. Le More qui va faire ce choix.

Pour toutes les fournitures faites pour le navire, des factures lui sont apportées. Ainsi un boulanger reçoit de lui l'ordre de faire 4,000 kilos de biscuit, et ce boulanger lui envoie sa facture, rien ne se fait secrètement. Enfin il faut faire le choix d'un capitaine, qui le fait? Ce n'est pas M. Le More. Ce capitaine est un jeune homme, M. Castel, qui vient d'être nommé au long-cours. Il était présenté par Pignon Blanc qui s'était présenté comme lui à l'examen et qui n'avait pas été reçu, tandis que plus instruit, plus capable, Castel venait d'être nommé au long-cours. Il est donc présenté par Pignon Blanc qui était l'homme d'Aguiard. M. Le More n'hésite pas à se mettre en rapport avec ce jeune capitaine qu'il n'avait jamais vu. Il fait dresser par lui le connaissement du navire. Le connaissement est dressé en bonne forme en quatre exemplaires, et signé par le capitaine le 30 août 1861. Voici, d'après le manifeste de sortie, délivré par le receveur des douanes, ce connaissement du navire *Etelvina* :

« Cent vingt-huit fûts vides, cerclés en fer, jaugeant ensemble quatre cent cinquante hectolitres.
» Trente-deux fûts biscuit de mer, pesant ensemble, brut, mille, je dis huit mille neuf cent kilogrammes.

» Trente-huit caisses conserves alimentaires, pesant ensemble, brut, cinq mille deux cent cinq ilogrammes.

» Le surplus lest et provisions de bord. »

Toutes ces quantités, qu'on prétend être suspectes, sont embarquées en vertu de permis de l''administration des douanes, qui, ensuite, délivre le manifeste de sortie.

« Manifeste de sortie ou déclaration générale du chargement du navire l'*Etelvina*, pavillon français, capitaine Castel, jaugeant cent quarante tonneaux dix-huit centièmes, venant des chantiers à destination de Saint-Philippe, côte d'Afrique, lequel manifeste est fourni aux termes des articles V, titre II de la loi du 22 août 1794 et Ier du titre II de la loi du 4 germinal an II.

» L'exactitude de son contenu est affirmée par le capitaine susdit, sous les peines édictées par les lois précitées. »

Le connaissement fait par le capitaine est ainsi vérifié par le receveur principal des douanes au port de Fécamp. L'expédition a-t-elle été suspecte ? y a-t-il eu quoi que ce soit qui ait été déguisé au receveur des douanes ? Il y a eu charte-partie, connaissement, lieu de destination, tout a été indiqué. Voilà l'administration parfaitement instruite de tout, n'ayant de soupçon sur rien, et par conséquent il n'y a pas lieu de suspecter le départ de l'*Etelvina* plus que M. Le More ne l'a soupçonné lui-même. Dans cette affaire, comme dans la première, M. Le More a été un simple commissionnaire.

Quelles sont maintenant les inculpations ? Reviendrai-je sur le plan droit ? Eh bien oui. Krafft, dans une lettre, a dit qu'il fallait charger des fûts de manière à former un plan droit dans la cale du navire ; mais les capitaines de navire du port de Fécamp ou du Havre, je ne sais lequel, déclarent que l'arrimage ne se fait jamais autrement, qu'on a toujours soin de faire un plan droit dans les bâtiments. A-t-il été embarqué des planches pour former un sol et des compartiments ? Non, il n'en a pas été expédié de Fécamp. Il en a été acheté pendant la traversée, soit à Ténériffe, soit ailleurs, à Fécamp point.

On poursuit et l'on dit : Les tonneaux ont été remplis d'eau douce, et c'est en vue de la traite.

Krafft, avait dit à M. Le More : Il faudra remplir les tonneaux vides avec de l'eau salée ; et puis plus tard il lui dit : Mais l'eau salée peut avoir l'inconvénient de donner mauvais goût à l'huile de palme, il vaut mieux mettre de l'eau douce ; et puis il se trouve que l'état du bassin de Fécamr est tel que les bâtiments sont presque à sec, que pour faire leur chargement d'eau de mer, il aurait fallu jeter les barriques dans le bassin, et qu'il était infiniment plus facile de remplir les tonneaux avec de l'eau douce. Telle est l'opinion des capitaines de navire alors dans le port de Fécamp.

« Nous, soussignés capitaines de navires, certifions que par suite des travaux qui se font depuis environ deux ans à l'écluse, notre bassin assèche à chaque marée; que, par ce fait, il est difficile d'y emplir une certaine quantité de barriques d'eau; que, dans tous les cas, comme il faudrait un canot et un homme pour emplir chaque fût, la dépense serait beaucoup plus importante que si on les remplissait à la fontaine; que, d'un autre côté, il serait impossible de hisser ces barriques à mer basse, sans déchirer le doublage du navire, enlever la peinture, érailler les bordages; que l'on ne pourrait embarquer ainsi que quelques fûts dans une journée de travail, au lieu qu'en les embarquant du quai, quatre hommes peuvent facilement embarquer 100 gros fûts dans une journée.

» En foi de quoi, etc. »

L'eau n'est pas un objet de suspicion, nous l'avons déjà dit : Qu'est-ce donc qui peut être un objet de suspicion et quel est le reproche que l'on peut faire à M. Le More? M. Le More a eu dans cette affaire 970 fr. de commission; a-t-il été intéressé dans l'opération de Krafft? vous n'en avez pas la moindre preuve, pas la moindre trace.

Attachez-vous à ceci, messieurs les jurés : On a interrogé toute la vie de M. Le More, tous ses papiers, ses livres, sa correspondance et on n'a rien trouvé qui indiquât que M. Le More eût perçu quoi que ce soit pour la cargaison et la vente, ou rendu quoi que ce soit pour la perte du *Bogota*; on ne prouve rien de semblable, on n'a que des présomptions, et quelles présomptions? Qu'il a dû être éclairé par la nature du chargement. Oh! messieurs, il y a eu trop d'explications sur ce point pour que vos esprits puissent s'y arrêter plus longtemps.

Comme toutes les circonstances dans lesquelles la capture du *Bogota* a été connue en France n'ont point excité l'éveil de l'administration; comme à aucune époque il n'a été dit par personne que Krafft était sur le navire; comme, au contraire, Krafft disait : J'ai fait mon opération à souhait; j'avais un navire, j'ai vendu ce navire avec sa cargaison; j'ai fait une très bonne affaire; comme Krafft se promenait au Havre en homme qui n'a rien à craindre de la justice, M. Le More ne pouvait avoir aucune dé-fiance, et il n'en a eu aucune; et comme il était simple commissionnaire pour l'*Etelvina* de même que pour le *Bogota*, je vous le dis en toute sincérité, je ne comprends pas un acte d'accusation contre lui, et c'est pour la première fois que je verrais un jury français déclarer que s'il y a absence de preuves il y a des présomptions. Mais pour la plus petite somme d'argent les présomptions ne sont rien, et, en présence des galères, des présomptions pourraient servir à donner raison à l'accusation la plus mal fondée du monde !

Quelle est la dernière de ces présomptions? C'est que M. Le More était très impatient de faire partir le navire, et qu'on l'a fait partir en effet très promptement. J'affirme tout d'abord que le fait est complètement faux. M. Le More n'avait aucune raison de faire partir le navire ; c'était Krafft qui disait : Pressez le départ du navire. Il désirait que M. Castel partît immédiatement. M. Castel, trouvant le temps mauvais, hésitait. Le pilote disait, au contraire : Le temps est très beau, et il disait la vérité, je vais en donner la preuve irrécusable. C'est une fausse énonciation de l'acte d'accusation, c'est une erreur de l'instruction que de dire que le navire était parti par un mauvais temps. D'abord, le pilote du port de Fécamp, le pilote préposé à la station de Fécamp, certifie que la goëlette française l'*Etelvina* est partie de Fécamp par un très beau temps :

« Je soussigné, pilote-côtier de la station de Fécamp, certifie que le navire français *Etelvina* est parti de Fécamp, le 2 septembre 1862, avec des vents de sud-sud-ouest, toutes voiles dehors, et beau temps.

» Signé POITTEVIN. »

Ce n'est pas tout, voici maintenant le *Journal du Havre* publiant le bulletin météorologique et l'état de la mer sur ces côtes, à la date du 2 septembre, jour du départ de l'*Etelvina*. Voici ce que nous lisons à l'article *Météorologie* de ce journal :

MÉTÉOROLOGIE, BULLETIN TÉLÉGRAPHIQUE.

PORTS.	VENTS.	TEMPS.	ÉTAT DE LA MER.
Dunkerque	S. faible brise	beau	calme.
Cherbourg	O. faible brise	beau	calme.
Brest	N.-N.-O. jolie brise	beau	calme.
Groningue	S. calme	nuageux	....
Helder (Holl)	S.-S.-O.	nuageux	....

Voici plus particulièrement pour le port du Havre et celui de Fécamp ce qu'on lit dans le journal du même jour, 2 septembre, où cinq navires ont mis à la voile :

ÉTAT DES DÉPARTS :

Navire am. *France*, cap. Ellis, expéditeurs MM. Wood, Paillette et Bielefeld.

Goël. am. *Ida-Mac-Léod*, cap. Davies, expéditeur M. J. Barbe.... Picton (Nouvelle-Écosse).

Lougre fr. *Jean-Bart*, cap. Botz.... Dunkerque.

Steamer fr. *Cygne*, cap. Lefoulon.... Caen.

Goëlette fr. *Bonne-Union*, Layec.... Rouen.

Le journal ajoute :

« Le temps, après un peu de pluie ce matin, s'est remis au beau, les vents au Nord-Ouest petite brise. »

Voilà un démenti complet à ce dernier reproche élevé dans l'acte d'accusation d'avoir fait partir le bâtiment précipitamment et par un mauvais temps, pressé que l'on était de le soustraire ! Le soustraire à quoi ? Aux regards de l'administration ? L'administration avait reçu le connaissement, elle avait délivré le permis de sortie ; le chargement était connu de tout le monde. Quelle raison de presser le départ du navire ? Il avait été réparé dans le port de Fécamp, les achats avaient été faits par l'entremise d'un courtier, par les soins de M. Le More, pour le compte du véritable propriétaire Krafft ; le navire n'avait donc aucune raison de se sauver, de partir promptement. Ce sont là de ces phrases banales qu'on trouve quelquefois dans des accusations qui n'ont pas assez de fondement.

Cette cause se réduit à ceci : Voilà un négociant honorable, dont la vie entière examinée, scrutée, interrogée, dont toutes les écritures vérifiées établissent que dans aucune proportion il n'a participé à aucune opération de traite, qui a été dans toute cette affaire recevant des ordres comme tout commissionnaire est exposé à en recevoir, les exécutant avec fidélité, faisant des avances, mais en étant immédiatement remboursé et n'ayant jamais rien à découvert, n'ayant eu aucune participation ni directe ni indirecte à l'odieux commerce de la traite ; voilà la position de M. Le More. Est-ce que maintenant il est possible, pour arriver à la dernière pensée de M. l'Avocat général, que dans une telle cause vous soyez convaincus que M. Le More, sans le savoir, a été le complice inintelligent d'une opération de traite, quand aucune personne autour de lui n'a eu un semblable soupçon, quand les administrations publiques ne l'ont pas eu, quand il est constaté qu'il était simple commissionnaire, et que les diverses commissions qu'il a reçues dans ces deux affaires se sont élevées à 2,700 francs ? Non, cela n'est pas possible.

Voilà la cause, messieurs ; vous êtes à présent bien convaincus, je n'en doute pas, et vous rendrez à sa famille, avec un verdict de parfaite honnêteté, l'honorable M. Le More.

www.ingramcontent.com/pod-product-compliance
Lightning Source LLC
Chambersburg PA
CBHW051326060726
47596CB00004B/1493